EIN LYRIKCOCKTAIL
DER GEDANKEN

EIN LYRIKCOCKTAIL
DER GEDANKEN

von

Hubertus Scheurer

Bibliografische Information der Deutschen Nationalbibliothek:
Die Deutsche Nationalbibliothek verzeichnet diese Publikation
in der Deutschen Nationalbibliografie; detaillierte bibliografische
Daten sind im Internet über http://dnb.dnb.de abrufbar.

© 2015 Hubertus Scheurer
Satz, Umschlaggestaltung, Herstellung und Verlag:
BoD - Books on Demand

ISBN: 978-3-7392-5926-0

Prost!

Cogito ergo sum

»Ich denke, also bin ich«,
So dacht ich, und ich war,
Freut mich darüber innig,
Denn der Beweis ist klar.

Doch sind nicht auch die vielen,
Die niemals noch gedacht?
Hier Klarheit zu erzielen,
Wär sicher angebracht!

Die jedenfalls, die denken,
Sind wirklich, das zum Trost;
Dem Menschen Geist zu schenken,
Ist Schöpfungsakt, drum Prost!

Pressemitteilung Hubertus Scheurer

von Andreas Herrmann

 Aktuelle politische Themen beschäftigen den Dichter und Texter Hubertus Scheurer. Zum aktuellen Politikgeschehen legt Hubertus Scheurer dem geneigten Leser diese Geschichte ans Herz und zum Nachdenken in den Kopf.

Eine tolle Biene

Angela, die Merkeline,
Das ist eine tolle Biene,
Wenn sie durch die Gegend summt,
Sind die andern gleich verstummt.

Alle woll'n ihr Summen hören,
Kann sie damit doch betören,
In dem Lande jedermann,
Und darauf kommt es ihr an.

Angela, die Merkeline,
Meint, dass sie dem Staatswohl diene,
Sie geht, wie kann's anders sein,
Einst in die Geschichte ein.

Der machthungrige Gabriel

Das ist wirklich gar nicht nett,
Gabriel, selbst rund und fett,
Will im Kanzleramt Frau Merkel
Degradiern zum Lügenferkel,

Damit er, das strebt er an,
Sie recht bald beerben kann;
Selber einmal Kanzler werden,
Wär sein größtes Glück auf Erden.

Da ist jedes Mittel recht,
Wie im Karpfenteich der Hecht,
Beginnt Gabriel zu beißen,
Um die Macht an sich zu reißen.

Erneuter Untergang

Wenn nun auch Kubicki, keck,
Bewirft Angela mit Dreck,
Weil die Mittel heilt der Zweck,
Ist schnell das Vertrauen weg.

Jedenfalls sei angeraten
Unsren freien Demokraten,
Sich sehr gut zu überlegen,
Mit wem sie gehn auf welchen Wegen.

Sollten sie den linken Finken
Mit der roten Fahne winken,
Ist der Weg bestimmt nicht lang
Zum erneuten Untergang

Pressemitteilung Hubertus Scheurer

von Andreas Herrmann

Gedenktage gibt es viele im Laufe eines Jahres. Genau genommen ist jeder Kalendertag mit etwas belegt, an das wir uns erinnern sollten oder dessen wir gedenken sollten. Darunter sind auch sehr viele Anlässe, die ein Durchschnittsbürger kaum noch im Bewusstsein hat – weil er davon auch in der Regel nicht betroffen ist.

Aber einer unserer Mitbürger vergisst nicht, weil er ein Herz für seine Mitmenschen hat. Hubertus Scheurer ist immer zur Stelle, wenn es etwas anzumahnen gibt, oder wenn er Willkür und Ungerechtigkeiten vermutet oder gar erkennt.

Am 25. Mai 2015 war der Tag des vermissten Kindes. Haben Sie das gewusst? Vermutlich nicht. Dabei erinnert schon seit 23 Jahren dieses Datum an vermisste Kinder.

Hubertus Scheurer hat daran gedacht, vor allem an die Eltern, die möglicherweise schon seit Jahren in Ungewissheit leben müssen.

Aber Hubertus Scheurer denkt auch schon einen Schritt weiter. Er weiß, dass Kinder oft genug nicht einfach so verschwinden, sondern dass leider oft genug ein Verbrechen dahinter steht. Und in seiner unnachahmlichen Art hat er dazu ein Gedicht verfasst mit dem sehr deutlichen Titel: Schwerverbrecher hängen. Dieses Gedicht fügen wir hier ein, damit nachvollzogen werden kann, was Hubertus Scheurer uns vermitteln will.

Schwerverbrecher hängen!

Liebe Inga, wo bist Du geblieben?
Vor Jahren hab ich über Madeleine geschrieben;[*]
Wir müssen euch suchen, müssen euch finden,
Es darf nicht sein, daß Kinder verschwinden.

Und Bestien, die Kinder töten, entführen,
Es gilt, sie mit aller Kraft aufzuspüren.
Darauf sollte keine Gnade obwalten,
Die Bestien man nicht am Leben erhalten.

Ein schneller Tod wär eine Gnade,
Für Schwerverbrecher viel zu schade.
Zur Abschreckung sollt man sie hängen
Hoch vor dem Rathaus weit sichtbar an Strängen.

Aus der Feder von Hubertus Scheurer gibt es noch weitere Werke, da ihn dieses Thema schon seit langer Zeit sehr beschäftigt. Klar und deutlich spricht er aus, welche Meinung er einnimmt. Auf den Punkt gebracht lässt er den Leser an seiner Gedankenwelt teilhaben.

---

[*] Siehe: »Die kleine Madeleine« in »Widerstand den Affenärschen«, S. 115

Susanne

Das Nachbarskind Susanne,
Man fand es tot im Wald,
Wir können es nicht fassen,
Zwölf Jahre war sie alt

Und wurde bestialisch
Gequält und umgebracht,
War so ein frohes Mädel,
Und hat so gern gelacht.

Auf ihrem Grabstein liest man:
Du warst ein Sonnenschein
Und wirst bestimmt im Himmel
Ein kleiner Engel sein.

Den Mörder hat gefaßt man,
Ihn läßt die Sache kalt;
Was sollte er auch machen?
Es überkam ihn halt.

Ihr aber habt zu richten
Und seid in großer Not;
Ich kann dazu nur sagen,
Gebt diesem Mann den Tod!

Ich will ihn nicht ernähren
Mit meinem Steuergeld
Und mein' auch, er hat keinen
Platz mehr auf dieser Welt.

Ein schneller Tod ist Gnade
Für einen solchen Mann,
Und er mag darauf hoffen,
Daß Gott vergeben kann.

Evchens Tod

Evchen wäre noch am Leben
Würd's die Todesstrafe geben,
Und der Kindermörder wär
Endgültig aus dem Verkehr.

Doch davor stand das Gewissen
Mit dem sanften Ruhekissen,
Das gemeine Mörder schützt,
Aber Kindern wenig nützt.

Das Gewissen kann gut schlafen,
Wollte mit dem Tod nicht strafen,
Ruht, das kam dabei heraus,
Sich auf Evchens Tod jetzt aus.

Zur Todesstrafe

Sie glauben an das ewige Leben,
Dies kann es nach dem Tod erst geben,
Der uns befreit aus unsrer Not,
Hier ist doch ein Freund, der Tod.

Ja, er ist oftmals eine Gnade,
Für Kindermörder viel zu schade,
Trotzdem glaubt mancher fest daran,
Daß man so hart nicht strafen kann.

Wie gewohnt nimmt er kein Blatt vor den Mund und lässt uns mehr als deutlich an seiner Sicht der Dinge teilhaben. Man kann dazu geteilter Meinung sein, aber muss auch respektieren, dass dieser sehr engagierte moderne Poet sich in dieser Weise klar artikuliert, weil es ihm ein Anliegen ist.

Mehr Infos über Hubertus Scheurer und sein Schaffen finden Sie hier: www.hubertus-scheurer.de

Der Autor

Hubertus Scheurer ist ein Mann des Rechts – und ein Mensch mit einem hohen Maß an Gerechtigkeitssinn. Eine Tugend, die ihn zur kreativen Tätigkeit inspiriert. Denn ungerecht behandelt, verleumdet und diskriminiert, wächst in ihm der Widerstand – ein Widerstand gegen die scheinbar Mächtigen, gegen die Zensur seiner Texte, gegen den Rechtsapparat. Daß dieser Widerstand sich in poetischen Versen komprimiert, in pikaresken Anekdoten, mit beißendem Spott für die gegenwärtig herrschende Verstrickung von Finanzadel und Presseorganen, führt zu einer Befreiung des Dichters und lässt uns teilhaben an einem Wunderwerk karnevalesker Verdrehung, grotesker Überspitzung und spielerischem Wortwitz; ein Feuerwerk, das sich in den bisher erschienenen Werken von Hubertus Scheurer manifestiert. Die aufmerksam gelesene Lektüre bringt viel Tiefsinniges zum Vorschein: Eingestreut in die nimmer endende Geschichte von König Alfred und seinem Hanswurst tauchen immer wieder – wie beiläufig – lyrische Verse auf, die mit solch einer Weisheit, mit ihrer poetischen Klarheit und mit einer Allgemeingültigkeit unsere heutige Zeit reflektieren, dass der Leser tief durchatmet. - Simone Tenbusch

Das Andreantjepaar

Der Andreas und die Antje
Sind das Andreantjepaar,
Denn Andreas und die Antje
Ergänzen sich ganz wunderbar.

In dem Austausch der Gedanken,
Unbelastet von dem Sex,
Sind geschlossen alle Schranken
Zum erotischen Komplex.

Sie leben in einer hehren,
Unverdorbnen, reinen Welt,
Wo in lautren Geistessphären
Eine Hand die andre hält.

Autorenkontakt

Hubertus Scheurer

Hubertus Scheurer
Brehmweg 35
22527 Hamburg
Telefon 040 49 66 85
Info at Hubertus-Scheurer.de
www.Hubertus-Scheurer.de

Pressekontakt

pressestall.com

Werbekracher Deutschland GmbH
Abteilung Öffentlichkeitsarbeit
Geschäftsführer: Andreas Herrman
Lelka-Birnbaum-Weg 7
22457 Hamburg
Deutschland
Telefon: 040 5500 9511
Info at Pressestall.com
www.Pressestall.com

Die exotische Antje

Die Zeit mit dem Andreantjepaar
War wieder einmal wunderbar;
Was beim Abschied dann geschah,
Ging uns dreien wirklich nah.

Ich drückte Antje in die Hüfte,
Es gab 'nen Knall und schöne Düfte
Verließen drauf ihr Hinterteil,
Dies machte den Andreas geil.

Er rief: Jetzt werd ich täglich drücken,
Die Reaktion soll mich beglücken,
Sie ist auch keinesfalls erotisch,
Dafür im höchsten Maß exotisch.

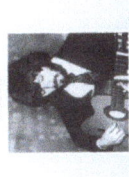

Schwer zu fassen

Gerd K. ist nicht alt geworden,
Bekam posthum keinen Orden,
Obwohl er den Kampf nicht scheute,
Auch nicht gegen Stasileute,

Die ihm auf den Spuren waren,
Bis ins Jenseits er gefahren;
Seinem Kampf für Freiheit, Frieden,
War kaum Beistand hier beschieden;

Manchen überkam die Trauer
Als dann endlich fiel die Mauer,
Das durft er noch miterleben,
Ein Erfolg auch für sein Streben;

Doch noch heut, nur schwer zu fassen,
Muß er sich verleumden lassen,
Wurd vom Präsident vergessen,
Der es hält für angemessen

Lieber einen Mann zu ehren,
Der vertrat die Marx'schen Lehren
Und ein Land verächtlich machte,
Das ihm erst die Freiheit brachte.

Gerhard Löwenthal*

Einen Namen woll'n wir nennen,
Den heut nicht mehr viele kennen,
Gerhard Löwenthal, ein Mann,
Auf den das Fernsehn stolz sein kann.

Redakteur ist er gewesen,
Meister im Levitenlesen,
Der dem ZDF gab viel:
Ein politisches Profil.

Sein Kampf galt der Todesmauer
Kommunistischer Erbauer;
Durch ihn wurden seinerzeit
Eingekerkerte befreit.

Die Gerd Knesel damals schmähten,
Seine Liedtexte verdrehten,
Hat im Fernsehn er benannt,
Machte Knesel dort bekannt.

Der ihm dankbar war verbunden
Bis zu seinen letzten Stunden;
Deutschlands Dank wurd ihm derweil,
Nun vereint, noch nicht zuteil.

---

* ZDF-Redakteur von 1968–1987. 1978: Mitbegründer der Hilfsorganisa-
tion »Hilferufe von Drüben«.

Im Gedenken an Gerd Knesel soll hier folgendes aus einer Veröffentlichung von Jurij Below unter dem Titel »Ein Brief aus dem Gulag« zitiert werden:

Gerd Knesel trat mit Leib und Seele für die Freiheit der Menschen ein, die für ihn das höchste Gut war.

Vor 30 Jahren habe ich den jungen Mann aus Geesthacht (Schleswig-Holstein) kennengelernt.

Seelig sei das Land, wo es solche Menschen mit Herz und Verstand gibt.

In den Jahren des Gulags mußten tausende Häftlinge ihr Leben lassen.

Es könnte dabei eine »innere Angelegenheit« Rußlands bleiben, wenn nicht ein junger Musiker, nämlich Gerd Knesel, sich diesen Geschehnissen angenommen hätte.

Fast gleich, nachdem »Die neue Bildpost« die Geschichte mit dem Brief bekannt gegeben hatte, meldete sich der Barde aus Geesthacht mit dem Lied »Ein Brief aus dem Gulag«.

Es war schon ein Schreck für die vereinigte Linke, mit seinen Freiheitsliedern konfrontiert zu werden.

Er wurde von den Linken gehasst und bedroht, aber es waren die anderen Deutschen, die ihn unterstützten und ihm Sympathie entgegenbrachten.

Doch wer kennt heute noch seinen Namen?

Ein Deutscher, der sich unter Millionen Nicht-Deutschen beliebt gemacht hat.

Lew Kopelew bezeichnete ihn als »besten deutschen Romantiker der Freiheit«.

Hallo Herr Scheurer,

eitel sind Sie ja, wenn Sie meinen, dass ich mich betreffende Bemerkungen an Dritte auch lesen sollte, oder warum schicken Sie mir Kopien?

Falls es Ihnen damit um die Absicht geht zu beleidigen, seien Sie nicht traurig. Die Leute, die mich beleidigen können, suche ich mir selber aus. Sie gehören mit Ihrem minderen Verstand nicht dazu.

Ihre Knittelverse werden auch immer primitiver, Herr Scheurer. Geben Sie es doch einfach auf, oder therapieren Sie sich damit etwa selbst?

Wie ist denn inzwischen Ihr Verhältnis zu gebrauchten Handtüchern?

Versuchen Sie doch einmal ein Gedicht über das Leben eines gescheiterten Literaten, oder fehlt Ihnen auch die Begabung zur Selbstironie?

In diesem Sinne, Scheurer,

Schulz
(Rechtsanwalt)

Scheurer zum Abschluss

Hallo Herr Scheurer,
(„sehr geehrter Herr ..." wäre weder angemessen noch wahrheitsgemäß)

in erster Linie freue ich mich für den Kollegen Böhme, der als Anwalt ja kaum in der Lage war, Ihnen zu helfen; denn Sie brauchen sicherlich einen Therapeuten, der sich sorgfältig um Sie kümmert. Er könnte dann vielleicht auch Ihre merkwürdige Neigung für gebrauchte Handtücher analysieren und das, womit Sie sonst auch noch im Elysee aufgefallen sind, aber natürlich nur, wenn Sie erkannt haben, dass Sie Hilfe brauchen.

Wie dümmlich-eitel Sie wirken, mögen Sie daran erkennen, dass Sie Herrn Böhme geschrieben haben, Sie hätten meinen letzten Brief an Sie als den Versuch empfunden, mich profilieren zu wollen, und das ausgerechnet mit einem solchen Würstchen, Herr Scheurer.

Rufen Sie doch einmal Verona Feldbusch an, die sagt doch immer „Hier werden Sie geholfen".

In diesem Sinne,

Schulz
(Rechtsanwalt)

ELYSEE Hotel AG Hamburg
Rothenbaumchaussee 10
D-20148 Hamburg
Telefon (+49) 40 / 41 41 20

Sehr geehrter Herr Scheurer,

vielen Dank für Ihren Hinweis, dass die Seile unseres Kraftgerätes nicht mehr dem neuesten Stand entsprechen.
Auch wir haben dies nicht übersehen und einen Austausch bereits veranlasst. Sie haben vollkommen Recht, dass trotz der geplanten Umbauarbeiten zur Erweiterung unseres Elyseum im Frühsommer, Wartung und Instandhaltung der vorhandenen Einrichtungen nicht vernachlässigt werden dürfen. Für evtl. auftretende kleine Mängel in der Übergangsphase bitte wir jedoch schon heute um Ihr Verständnis.

Wir freuen uns, Ihnen in naher Zukunft einen noch schöneren und attraktiveren Wellnessbereich präsentieren zu können und würden uns sehr freuen, Sie auch weiterhin zu unseren treuen Gästen zählen zu dürfen.

Mit freundlichen Grüßen

ELYSEE Hotel AG Hamburg

Peter Kuster
Stellvertretender Direktor

Ralf Springmann
Leiter Elyseum/med. Masseur

Nach Erhalt des nebenstehenden Briefes habe ich noch einmal geschrieben und darauf hingewiesen, daß die Gäste mit der Größe des Wellnessbereiches vollkommen zufrieden sind, daß es aber Mißstände gäbe, die zu erheblichen Gefährdungen führen könnten.

Daraufhin eskalierte die Angelegenheit und mir wurde ein Hausverbot erteilt. Den genauen Vorgang habe ich im Buch »Erlebnisse im Hotel mit König Alfred und seinem Hanswurst« Bd. I dargestellt. Mit dem Hausverbot ließ ich es nicht bewenden, vielmehr habe ich den Vorgang in meinen Büchern veröffentlicht. Es erfolgte ein gerichtliches Verbot dieser Bücher, nachdem der Steakhauskönig unter Führung von Rechtskondom G. Schulz, mit üblen Verleumdungen, Klage gegen mich erhoben hatte. Den Wahrheitsunterdrückern möchte ich folgendes ins Stammbuch schreiben:

Die Mächtigen im deutschen Land,
Die Wahrheit unterdrücken,
Stoßen bei mir auf Widerstand,
Vor ihnen mich zu bücken,

Dazu nun bin ich nicht bereit,
Werd mich nicht davor scheuen,
Mit Mut in Furchen unsrer Zeit
Auch Taten einzustreuen,

Die mit Wahrhaftigkeit gesät,
Soll'n einmal Früchte tragen,
Den Mächtgen, wenn's zur Ernte geht,
Bereiten Unbehagen.

Vom Würstchen für die Kackwurst folgende Gedichte:

Die Kackwurst

Georg Schulz, ein Rechtskondom,
Der auch Alfred Kack vertritt,
Moralarm, ein Geistesgnom,
Teilte mir schriftlich mit,

Daß ich für ihn ein Würstchen sei,
Macht nichts, ist mir einerlei,
Doch er als Kacks Wurst, muß ich sagen,
Bereitet stetes Unbehagen.

Soll er mich gern Würstchen nennen,
Wenn man dadurch nicht vergißt,
Lernt den Schulz erst richtig kennen,
Daß er eine Kackwurst ist.

Eine Wurst mit dem Niveau,
Wäre richtig für das Klo,
Sollt aus allen Rechtsbereichen
Man dem Recht zum Wohle streichen.

Kurzfassung

Daß ich für Schulz ein Würstchen bin,
Macht nichts, das schmeckt immerhin;
Die Kackwurst meidet man hingegen
Allein schon des Geruches wegen.

Kackwurst im Spiegel

Georg Schulz hat sehr beflissen,
Jetzt sich selber angeschissen,
Als Verleumder, dieser Schwere,
Hat verlorn er seine Ehre.

Mag er vor dem Spiegel stehen,
Wird er sich als Kackwurst sehen,
Und die Wurst, sie wird ihm zeigen,
Was ihm wirklich ist zu eigen.

Herr Rechtskondom

Das Recht hier treibt schon arge Blüten,
Wenn Rechtsverdreher es verhüten,
Und solche traf ich in Gestalt
Als Richter, Staats- und Rechtsanwalt.

Die Namen will ich gar nicht nennen,
So mancher wird sie selber kennen,
Was ich als Anrede nun fand,
Geb ich dagegen gern bekannt.

Herr Rechtsanwalt und Euer Ehren,
Dies gilt es ihnen zu verwehren,
Man sagt fortan Herr Rechtskondom
Zu einem Rechtsverhütungsgnom.

Verleumdung und Ehre

Es heißt, die Verleumdung wäre
Stets ein Angriff auf die Ehre;
Öffentliches Widerlegen
Wirkt dem Rufmord dann entgegen.

Die Verleumder sollt man kennen,
Deshalb sie beim Namen nennen,
Insbesondre bei Gestalten,
Die im Lande Macht entfalten.

Auch die Richter würden schlauer,
Lesen sie bei Schopenhauer,*
Was gerade vorgetragen
Und dem Recht sich nicht versagen.

Könnten Einsicht nun bezeugen,
Sich vorm Unrecht nicht mehr beugen,
Eine letzte Chance sich geben
Und das Buchverbot aufheben.

---

*   Sh.: A. Schopenhauer »Aphorismen zur Lebensweisheit«.

Widerstand als Recht der Treue[*]

Es verletzt des Menschen Würde,
Wenn ihn fremde Willkür quält,
Mit erdrückend schwerer Bürde
Ihn zu ihrem Opfer wählt.

Muß er mutig sich erwehren,
Treu sich selbst in seiner Not,
Der Gerechtigkeit zu Ehren,
Und dem Guten als Gebot.

Widerstand, der so geboren,
Ist der Ordnung Grundbestand,
Gibt die Freiheit nicht verloren,
Als des Rechtes Unterpfand.

Wird das Recht zum Widerstehen
Recht der Treue, uns zur Pflicht,
Läßt das Recht nicht untergehen,
Führt es wieder an das Licht.

Dies gilt, wo des Rechtes Formen
Der Gemeinschaft noch bestehn,
Doch erst recht, wo seine Normen
Durch Gewalt zugrunde gehn.

---

[*]   Prof. Dr. Ernst von Hippel, »Schicksalsfragen der Gegenwart«, Zweiter Band, S. 208 ff.

Der perverse Georg

Was dem Georg Schulz gefällt,
Hat er mir nun unterstellt,
Nämlich, ich sag's frank und frei,
Die perverse Schnüffelei.

Er selber kann sich nicht beherrschen
Und schnüffelt an dem Duft von Ärschen;
So gesehn, kann man verstehn,
Möcht er auch andre schnüffeln sehn.

Kackwurst zum Kotzen

Als der Georg Schulz trat ein
Durch die Tür zum Rechtsverein,
Hörte man, wie jemand rief:
Woher kommt nur dieser Mief?

Eben war die Luft noch rein,
Jetzt stinkt es hier ungemein.
Und der Rufer hatte Recht,
Manchen wurde plötzlich schlecht.

Von Rechts wegen einwandfrei,
Begann nun die Schnüffelei,
Und da wurde ganz schnell klar,
Daß Georg Schulz der Stinker war.

Der als Kackwurst wurd bekannt
Schon im ganzen Bundesland;
Alle, die dem Unrecht trotzen,
Fingen darauf an zu kotzen.

Arschloch des Rechtes

Er nennt sich selber Anwalt des Rechtes,
Ist aber nur ein Arschloch, ein echtes,
Aus dem heraus es mächtig stinkt,
Wenn freudig er die andern linkt.

Was soll man dann von einem Staat halten,
In dem solche Gestalten obwalten,
Die er ruhig gewähren läßt
Als Beschmutzer in seinem Nest.

Einen Rechtsstaat ihn zu nennen,
Hieße gründlich ihn verkennen,
Denn in ihm gedeiht die Saat,
Die hinführt zum Unrechtsstaat.

Ein Klugscheißer

Schulz ein Arschloch, das will heißen,
Er kann allenfalls klugscheißen,
Und er machte dann ja auch
Davon reichlichen Gebrauch.

Freie Entfaltung der Kackwurst

Ein paar tausend Gedichte, ich denke, das reicht,
Es sei denn noch eins für die Kackwurst vielleicht,
Wenn die sich meldet, zeig ich damit an,
Was ein kleines Würstchen vollbringen kann.

Zum Therapeuten sollte ich hin,
Kam einst der Kackwurst in den Sinn,
Sie hoffte wohl, beim Therapieren
Würd ich den Verstand ganz verlieren.

Selbst meinen minderen Verstand,
Wie die Kackwurst ihn befand,
Wollte gänzlich sie ausschalten,
Um sich dann frei zu entfalten.

Aus Block wurd Kack

Als Eugen Block
Wurd Egon Bock
Erfolgte ein Gerichtsverbot,
Es wurd Gefängnis angedroht.

Drauf wurd Block noch mal umbenannt
Und als Alfred Kack bekannt,
Nachdem er zum Lord Kack geadelt, *
Blieb dieser Name ungetadelt.

Alfred Kack, so wird es sein,
Geht in die Geschichte ein,
Eugen Block ist unterdessen
Unbekannt und längst vergessen.

---

*   Sh. »Erlebnisse im Hotel« Band III, Seite 44 »Lord Kack«

Die Geschäftemacher

Als Alfred leerte seinen Po,
Fiel die Hälfte vor das Klo
Und nach ihm, der nächste Gast,
Rutschte aus und stürzte fast.

Er war Chef der Deutschen Bank,
Wollt mit Alfred keinen Zank,
Stellte fest ganz frei und frank,
Wir ziehn ja am gleichen Strang.

Täglich muß ich es erleben,
Daß Geschäfte gehn daneben,
Doch die Kundschaft, das ist so,
Trägt nun mal das Risiko.

Kein Witz

Dieses ist kein Treppenwitz,
Alfred Kack schoß wie ein Blitz,
Früh am Morgen, nicht ganz munter,
Im Grand-Hotel die Treppe runter.

Er ist dann mit lautem Knallen
Unten auf den Kopf gefallen,
Und der Sturz, so der Befund,
Führte zum Gedächtnisschwund.

Mag der Alfred sich verrenken,
Große Lücken zeigt sein Denken,
Vor dem reichen Hintergrund
Bleibt er doch ein armer Hund.

GEORG SCHULZ
Rechtsanwalt

Georg Schulz
Böttgerstraße 1 A
20148 Hamburg
Tel. 040/530 25 07 - 20
Fax 040/530 25 07 - 30
info@Rechtsanwalt-Schulz.net

RA Schulz · Böttgerstraße 1 A · 20148 Hamburg

Herrn
H. Scheurer
Brehmweg 35

22527 Hamburg

bei Antwort und Zahlung bitte angeben:

Scheurer s-pi

25.08.15

**Ihr Schreiben vom 20. Juli 2015 und was Sie im Anhang als „Gedichte"
bezeichnen**

Hallo Herr Scheurer,

warum Sie bei diesem Unrechtstaat, wie Sie sich ja vor vielen Jahren
im Verfahren beim Landgericht über die Beurteilung der Rechtsordnung
durch die Pressekammer ausgelassen haben, den Titel als Rechtsbei-
stand für sich auf Ihren Briefbogen schreiben, erscheint wenig verständ-
lich; oder gibt es Menschen, denen Sie i. S. dieses Begriffs Beistand
leisten?

Wann hat denn der intellektuelle und organische Zersetzungsprozess in
Ihrem Gehirn angefangen, sicherlich doch nicht vor Erwerb der Bezeich-
nung als Rechtsbeistand?

Warum nehmen Sie sich bloß weiterhin so ernst, dass Sie auf solche
„Verse" (?) offenbar nicht verzichten können?

Wenn Sie schon nicht zum Therapeuten gehen, um sich helfen zu las-
sen, dann bleibt Ihnen ja noch die Möglichkeit, sich lautlos und ohne
jede Theatralik, die Sie persönlich auch in solchen „Versen" zum Aus-
druck bringen, einfach das Leben zu nehmen.
Das wäre jedenfalls ein Zeichen angemessener Selbstkritikfähigkeit, Sie
tragisches Würstchen.

Mit freundlichen Grüßen

Georg Schulz

Commerzbank Hamburg · BLZ 200 400 00 · Kto.-Nr. 3882420 00
IBAN DE37 2004 0000 0388 2420 00 · BIC COBADEFFXXX
St.-Nr. 42/223/01462

Rat zur Selbsttötung

Obwohl Schulz, Georg den Verstand,
Den minderen bei mir erkannt,
Gab er mir nunmehr seinen Rat
Zu einer angemessnen Tat.

Ich sollte mir das Leben nehmen,
Dann müßt ich mich nicht länger grämen,
Und zeigte damit gleichfalls an,
Daß ich selbstkritisch handeln kann.

Für mich bleibt nun die Frage offen,
Hat Schulz den Rat allein getroffen,
War Eugen vielleicht mit im Spiel
Als Richtblock, ist es beider Ziel?

Zum Titel Rechtsbeistand

Schulz, Georg kann es nicht verstehen,
Den Titel Rechtsbeistand zu sehen,
Auf meinen Schreiben, den Briefbogen,
Die er hat von mir bezogen.

Den Titel führ ich, weil ich schütze
Das Recht, sonst geht es in die Grütze,
Zur Abwehr solcher Rechtsbanausen,
Wie Schulz, die hier im Lande hausen.

POLIZEI
Hamburg

PK17, Postfach 60 02 80, 22202 Hamburg

Herrn
Hubertus Karl Albin Scheurer
Brehmweg 35
22527 Hamburg

Dienststelle	PK17
	Sedanstr. 28
	20146 Hamburg
Telefon	+49 40 428 6-71991
Fax	+49 40 428 6-71319
Sachbearbeiter	Groß, PP013329

Aktenzeichen	**LKA131/1K/0736604/2014**
Datum	20.11.2014

Sehr geehrter Herr Scheurer,

in einem hier anhängigen Ermittlungsverfahren wird Ihnen die Begehung / Teilnahme an folgender Straftat vorgeworfen:
Beleidigung (§ 185 StGB)

Tatort / Tatzeit

Datum / Zeit	25.08.2013 bis 15.06.2014
Straße / Hausnummer	Hugh-Greene-Weg 6
PLZ / Ort	22529 Hamburg
nähere Angaben	Finanzamt
Gegenstand	Gedichte an das Finanzamt

Schadenshöhe €
Geschädigter

Name	**Frese**
Vorname	

Geschädigte Institution

Firma	
Ergänzung	

Die Finanzbehörde, Postfach 301741, 20306 Hamburg hat gegen Sie Strafanzeige und Strafantrag wegen aller in Betracht kommender Delikte gestellt. Hierzu wurden folgende Gedichte übersandt: Vom 25.08.2013 "Das Finanzentzugsamt", "Das Betrugskonglomerat", "Menschenwürde", "Der Alte Geist" ; vom 17.09.2013 "Unentgeltliche Wertabgaben", "Zur Erläuterung", "Die Paragraphenwürger", "Frau Frese mag Berliner" ; vom 07.11.2013 "Frau Freses Entlastung" ; vom 15.06.2014 "Die Fahrtenbuchkontrolle" sowie "Zwei Gläser und ein Präser".

Ihnen wird nach § 163a Abs. 1 der Strafprozessordnung (StPO) Gelegenheit gegeben, sich zu dem Vorwurf schriftlich zu äußern. Es steht Ihnen frei, sich zu äußern oder nicht zur Sache auszusagen. Sie können jederzeit einen von Ihnen zu wählenden Verteidiger beauftragen und zu Ihrer Entlastung einzelne Beweiserhebungen beantragen. Weiterhin können Sie unter den Voraussetzungen des § 140 Absatz 1 und 2 Strafprozessordnung die Bestellung eines Verteidigers nach Maßgabe des § 141 Absatz 1 und 3 Strafprozessordnung beanspruchen.
Ihre schriftliche Äußerung wird bis zum **09.12.2014** erbeten.

Groß, PP013329

Anlage
☐ Merkblatt Täter - Opfer - Ausgleich

Kein Widerspruch

In der Amtsvorsteherrunde
Wurde heute laut die Kunde,
Daß ein Bürger kritische Gedichte
An Finanzbehörden richte.

Dies verbreitete Entsetzen
Auf den Amtsvorsteherplätzen,
Und so hielten sie dagegen
Folgendes, die Amtsstrategen:

Wie nur kann man sich erfrechen,
Einem Amt zu widersprechen,
So etwas ist eine Schande
Hier im deutschen Bundeslande.

Könnte das der Führer sehen,
Er würd sich im Grab umdrehen;
Wo sind wir nur hingeraten,
Fragt man sich bei solchen Taten.

Richter prüft Gedichte

Erstmal muß der Richter sichten
Nun den Inhalt von Gedichten,
Denn es gilt für ihn zu klären,
Ob sie eine Straftat wären.

Ja, er ist nicht zu beneiden,
Wie nur soll er das entscheiden,
Könnt er werden gar zum Henker
Für die Dichter und die Denker.

Nun, wir lassen ihn mal denken,
Werden unsre Blicke lenken
Darauf, wie er hat gerichtet,
Und darüber wird berichtet,
Unter Strafe auch gedichtet.

Strafanzeige im Großformat

Wer die Strafanzeige las,
Vom Finanzamt, hatte Spaß,
Meinte, komme nicht ins Schwanken,
Dem Finanzamt mußt Du danken.

Bessre Werbung gibt es nicht,
Wird zur Straftat das Gedicht,
Zeig die Straftat auf Plakaten
Überall in Großformaten.

Das wird Bürgern Freude machen,
Und sie haben was zum Lachen,
Werden die Gedichte lesen,
Dem Finanzamt zum Leidwesen.

Weitere Genugtuung

Frau Bräse möcht trotz meiner Gaben
Genugtuung, noch weitere haben;
Nun, die Gute soll nicht klagen,
Doch ich kann dazu nur sagen:

Wenn ich Frau Bräse noch was zolle,
Dann wohl höchstens eine Rolle,
Eine Rolle Klopapier
Mit Gedichten, nur von mir.

Wenn die Nahrungsrestemassen
Sie beim Stuhlgang dann verlassen,
So wie auch beim Wasserlassen,
Kann sie sich damit befassen.

Daran soll sie sich erheitern,
Den geistgen Horizont erweitern,
Und nach gutem Einvernehmen
Wird sie sich nicht länger grämen.

Ich weiß etwas

Ich weiß, daß ich nichts weiß,
Gibt den Beweis,
Folgerichtig, daß ich was weiß.

Verstandessieg

So langsam gewinnt sein Verstand
Beim Denken nun die Oberhand,
Läßt vom Gefühl sich nicht vernebeln,
Dem es gelang, ihn auszuhebeln.

Wer er ist

Wer er ist und wer er war,
Ist ihm heute nicht mehr klar,
Wer er jedoch wollte sein,
Dazu fällt ihm manches ein.

Selbstvertrauen

Du kannst nur Dir selbst vertrauen,
Und auch das fällt dann sehr schwer,
Wenn Gefühle sich aufstauen,
Dich verzehren im Begehr.

Pflanzengleich

Gemessen am Ganzen
Sind wir gleich den Pflanzen,
Die langsam veröden
In trockenen Böden.

Nicht noch mal

Fortan bleib ich den Menschen fern
Und sage mir, habt mich mal gern,
Was ich erlebt in all den Jahren
Möchte ich nicht noch mal erfahren.

Der marode Öker

Öker spricht von den maroden
Balken in dem Wohnungsboden,
Nachdem vorher er beflissen
Gute Böden rausgerissen.

Danach wollt, ich nenn's verökern,
Teure Böden er verhökern;
Damit kam er nicht zum Zug,
Denn ich sah darin Betrug.

Mög er klagen, sich nicht zieren,
Mir bleibt nur zu konstatieren:
Er trägt einen sehr maroden
Kopf mit Druck bis hin zum Hoden.

Regierungserklärung

Hier im Land bin ich ein Mann,
Der sich selbst regieren kann;
Damit keine Zweifel währen,
Will ich das auch gern erklären.

In verschiedenen Gedichten
Kann man die Erklärung sichten,
Und wenn Zweifel sich ergaben,
Diese daraufhin begraben.

Immer mies

Dies und das und das und dies,
Irgendwas ist immer mies,
Irgendwas tut immer weh,
Mal der Kopf und mal ein Zeh.

Mal ein Zahn und mal der Rücken,
Dann das Hinterteil beim Bücken,
Einmal dies und einmal das,
Wirklich immer irgendwas.

Nicht zu vergessen jenen Mann,
Der einem alles vermiesen kann,
Geht auf den Nerv mit dem Gezeter,
Er ist ein echter Miesepeter.

Enttäuschung

Sie haben mich enttäuscht, schon oft,
So wurd ich es gewohnt,
Und blieb, seit ich nichts mehr erhofft,
Von Bitterkeit verschont.

Ich habe mich drauf eingestellt,
Und halten sie nicht Wort,
Tangiert das nicht mehr meine Welt,
Sie wurd zum sichren Hort.

Mein Skelett

Mühsam schiebt sich mein Skelett
Jeden Morgen aus dem Bett,
Zieht mit Fleisch und den Organen
Dann wie üblich seine Bahnen.

Abends fällt es, oh wie nett,
Müde, kraftlos in sein Bett,
Wird dort, wie im sichren Hafen,
Wieder einmal ruhig schlafen.

Das Beziehungsende

Ich hätte Dich so gern berührt,
Dein Inneres, die Seele,
Ein liebevolles Herz gespürt,
Für das ich etwas zähle.

Doch die Berührung ließ Dich kalt,
Du hast sie nur ertragen,
Und Dein Verhalten dergestalt
Brachte mir Unbehagen.

Wenn sich Dein Herz nicht für mich regt,
Dann gibt es keine Wende
Und nichts Gemeinsames uns trägt,
Kommt das Beziehungsende.

Zum 1. Mai

Der Mai ist gekommen,
Die Bäume schlagen aus,
Da bleib vorsichtshalber
Man lieber zuhaus.

Denn wenn Bäume schlagen,
Kann das gefährlich sein,
Bereiten Unbehagen,
Darauf laß dich nicht ein!

Der Forellenfang

Im Teich schwamm die Forelle
An seiner Angelstelle,
Da schwang er seine Fliegenrute,
Als Angler liegt ihm das im Blute.

Der Fisch, der sah die Fliege fliegen,
Sprang aus dem Wasser, wollt sie kriegen,
Der Angler schlug die Rute an,
Schon hing der Fisch am Haken dran.

Der Angler zog den Fisch an Land,
Ein Prachtstück, wie er jetzt befand,
Doch die Forelle hatte Glück,
Der Angler setzte sie zurück.

Hund und Kuh

Der Hofhund legte sich zur Ruh,
Da störte ihn ein Muh, Muh, Muh,
Das konnte nur sein eine Kuh,
So ging es weiter immerzu.

Nun wurde es dem Hund zu bunt,
Er ging der Sache auf den Grund
Und rief ganz laut, du blöde Kuh,
Verzieh dich und gib endlich Ruh.

Sonst beiße ich dir in dein Bein
Oder in den Euter rein,
Das war ernst gemeint, im Nu
Flüchtete darauf die Kuh.

Ein kluges Männlein

Ein kleiner Junge ging vorbei,
Blickte freundlich zu mir auf,
Ob er ein Heinzelmännchen sei,
Fragte ich, er sagte drauf:

Ein Heinzelmännchen bin ich nicht,
Was ich auch begründen kann,
Mit dem, was dagegen spricht:
Mein Vater ist kein Heinzelmann.

So gesehen hast Du recht,
Gab ich zu, wenn das so ist,
Doch Dein Denken zeigt mir echt,
Daß Du ein kluges Männlein bist.

Maus und Katze

Heute möcht ich etwas finden,
Einen Strauß Gedanken binden,
Der ein wenig Freude bringt,
Wenn er ins Bewußtsein dringt.

Ich denke an die kleine Maus,
Sie wohnt bei mir, in meinem Haus
Als sie aus dem Fenster spähte,
Auf des Gartens Blumenbeete.

Da kam vorbei die wilde Katze,
Das Mäuschen, es zog eine Fratze,
Die Katze bekam einen Schreck
Und flüchtete in ihr Versteck.

Darauf sah die Maus mich an,
Sprach: Nun weißt Du, was ich kann,
Ich kann Katzen bange machen
Und wir beide mußten lachen.

Die große Freiheit

Große Freiheit nennt man das,
Wenn hinter Schaufensterglas
Frauen sitzen zum Begehr,
Käuflich fürn Geschlechtsverkehr.

Was ist das für eine Welt,
Wo man dies für Freiheit hält,
Grauenhaft, aus meiner Sicht,
Mit der Menschenwürde bricht.

Einig sollten wir uns sein,
Eine Stadt macht sich gemein,
Die trotz solcher Schweinerei
Meint, sie sei besonders frei.

Mensch und Hund im Ehebund

Des Menschen bester Freund, der Hund,
Das tut man immer wieder kund,
Da hätte man doch allen Grund,
Zu ehelichen solchen Bund.

Im Mensch- und Hundbund, auch nicht neu,
Da hält sie lebenslang, die Treu,
Hingegen nimmt das Menschenpaar
Oftmals den Weg zur Scheidung wahr.

Ja zum Leben

Erst nachdem sie sich vermählen,
In der Liebe, die zwei Seelen,
Sollte man an Heirat denken,
Um einander sich zu schenken.

Hand in Hand durchs Leben gehen,
Für den andern einzustehen,
Sei ein ernstliches Bestreben,
Dafür lohnt es sich zu leben.

Für Jasmina

Jasmina, ein Sonnenschein,
Wohnt hier ein paar Häuser weiter,
Sah mich, sie war noch ganz klein,
Lächelte dann freundlich heiter.

Dies geschah schon auf dem Arm,
Von den Eltern lieb getragen,
Mir wurde ums Herz ganz warm
Und auch aus dem Kinderwagen.

Jetzt, nachdem Du älter bist,
Möchte ich Jasmina sagen,
Wie schön sie geworden ist,
Seit den frühen Kindheitstagen.

Bleib Dir treu

Sei Dir Freund und bleib Dir treu
Jeden weitren Tag aufs neu,
Um in schweren Lebenslagen
Dieses Leben zu ertragen.

Halt Dich für des Lebens Rest
Tapfer an Dir selber fest,
Dann kannst Du auch voll Vertrauen
Dem, was kommt, entgegenschauen.

Zwei Bilder

Du liegst im Sterben, lächelst mild,
Zaghaft auf Deinem letzten Bild,
Das jetzt als Foto vor mir steht
Und mir so tief zu Herzen geht.

Ein weitres Bild, es kam hinzu,
Das Kind, es lächelt nicht wie Du,
Ein Mädchen, das unglücklich scheint
Und deshalb bittre Tränen weint.

Zwei Bilder, ich fühl mich allein,
Sie werden mein Begleiter sein,
Und bis das letzte Stück geschafft,
Verleihen sie mir dafür Kraft.

Trost im Leid

Sie starb, hat ihn verlassen,
Zurück blieb er allein,
Ihr Bild wird nie verblassen,
Dies mildert seine Pein:

Was in der Zeit nicht endet,
Erreicht Unsterblichkeit,
Und der Gedanke spendet
Ein wenig Trost im Leid.